お菓子のきもち

目次

はじめに

ぼくはケーキ屋さん。名前は…キャトル君としておこう。

富士宮、富士、そして静岡。順番に三軒のお店を開いた。最初のお店を開いてから、もうすぐ10年になる。


ケーキって、幸せな食べ物だと思う。

ケーキを見て怒る人や怒りながらケーキを食べる人は、この世にいない。みんな何か特別な気持ちで、すこしフンパツしたかったり、お祝いをしたかったり、「いつもよりちょっと素敵なこと」として、笑顔でケーキを食べてくれる。そんないくつもの場面に立ち合えるぼくたちもまた、本当に幸せものだ。

お店の真ん中には、長いショーケースを作った。ぼくの知る限りではいちばん長いショーケース。ガラスの張り方も、こっちのケーキから向こうのケーキまでしっかり見えるように工夫した。いつも20種類以上のケーキがずらりと並ぶ。奥には木を多く使った、ゆったりと広いカフェスペース。


ショーケースの前を行ったり来たりして、どのケーキにしようか目を輝かせて迷っている女の子。

カフェで、のんびりくつろいでいるカップルの話し声。

お客様が笑っている。スタッフが笑っている。ケーキが笑っている。カップやお皿までもが笑っている。

ぼくも思わず笑ってしまう。


ぼくたちのユニフォームは、店名のロゴ入りTシャツだ。みんな同じ。スーツを着たり、ネクタイを締めたりしている人は、ひとりもいない。ぼく自身、このかわいいTシャツがとても気に入っている。

Tシャツの胸に書かれたお店の名前は「quatre épice（キャトルエピス）」。

直訳すると「4つのスパイス」。フランスでお料理やお菓子作りに使われている基本的なミックススパイスを意味している。シナモン、ジンジャー、クローブ、ナツメグなどが入っていて…ケーキにも他のお菓子にもドリンクにも使える、旨味の万能選手だ。

ほんとは quatre épices と最後にｓがつくのだけど、4つのスパイスがより一体になるよう、ｓはあえてつけなかった。みんなで4つではなく、1つなのだ。

この名前を選んだのは、お店に来てくれたお客様に、そんなお菓子たちの味はもちろん、もっといろいろなこと＝スパイスを感じてもらいたいから。

喜び、驚き、楽しみ、優しさ。さまざまなスパイスで、そのままでも美味しいものがもっと美味しくなる。そのままでも素敵なものがもっと素敵になる。

そんなケーキ屋さんでありたい。

これまでも、今も、これからも。

quatre épice
quatre épic

work contents
¥450
マンゴーとヨーグルトのスイーツ ¥420

たとえば、こんな話。


その小さな商店街の八百屋さんは、みんなのことを知っている。

お店に買い物に来てくれるお母さん、食堂のおばさん、居酒屋のおじさん。

「今日は蒸し暑いねえ。汗だくじゃないか。こんな時は、ナスやトマトが体を冷やしてくれていいんだよ。」

「このじゃがいもは穫れたてだよ！茹でて塩振って食べるだけでも美味しいし、肉じゃがでもカレーライスでもいいね。」

「今日は枝豆！今いちばんビールに合うよね。あとは…とうもろこし！」

お店の前を走って通る、近くの小学校の子どもたち。

「おはよう！おっと、転ばないように気をつけろよ！」

「ちゃんとピーマン食べないと、運動会で一位になれないぞ！」


八百屋さんは、みんなの顔色や様子からいつのまにかみんなのことを知り、ひとりひとりが元気になるための今いちばんの野菜をすすめてくれる。みんなも、八百屋さんにはいつのまにか悩みを相談したり世間話をしたり、頼りにするようになっている。

「夕べなんだかいらいらして…息子とけんかしちゃった。」

「そんな日もあるよな。じゃあ、これで仲直りしなよ。初物だよ。」

八百屋さんは、きらきら光るイチゴの詰まったパックを差し出す。

街のみんなは八百屋さんが大好き。八百屋さんもみんなが大好き。


おや？

ある寒い冬の日、小さな女の子が
「お野菜ください。」

と八百屋さんのもとを訪れた。あまり見かけない顔だ。

「いらっしゃい。お嬢ちゃん、ひとり？」

「うん。お母さんが風邪ひいちゃったの。だから、私がかわりにお買い物に来たの。」

そうか…。

「そうかい、お母さん早く良くなるといいな。じゃあ、夕飯はお鍋でどうだい？この白菜と大根と椎茸、あとはしょうがも入れるといいよ。体があったまるし、のどにも効くんだ。」

女の子は、こくんとうなずいた。八百屋さんは大まけの会計をすると、手早く野菜を袋に入れて女の子に持たせる。それから、もうひとつ。

「これはおまけ。おつかいのご褒美だよ。」

女の子の真っ赤なほっぺたに、同じくらい真っ赤なりんごを押しつけてやった。

「ありがとう、おじさん。」

「こっちこそ、毎度ありがとう！」

真っ赤な顔をもっと真っ赤にしながら、スキップで帰る女の子の後ろ姿を見て、八百屋さんの心もほかほかとあったかくなった。

思いやる気持ち。相手を健やかに、笑顔にしてあげる心づかい。もしかしたら、こんな街角の風景が「サービス」という仕事を作り出したのかもしれない。八百屋さん本人は

「そんなしゃれたもんじゃありませんよ。俺はただの八百屋ですから。」

と頭をかいて照れるだろうけれど。

たとえば、こんな話。

ケーキ屋さんって、どこかサーカスに似ているかもしれない。

サーカス。大人も子どもも憧れるエンターテイメント。

可憐な踊り子のダンスに魅了され、手品師の手から湧きでた鳩の群れに拍手。綱わたりの少女の足さばきに悲鳴をあげ、いちばんの見せ場の空中ブランコで観客の興奮は頂点に達する。

今日の団長は、ちょっと緊張している。今夜の舞台で、新しいブランコ乗りがデビューするからだ。

団長が彼に空中ブランコを教えはじめたのは、もうずいぶん前のことになる。

「やってみな。」

ある日、やせっぽちの少年を10メートルもの高さに登らせ、いきなりブランコを握らせてみた。当然、彼はまっさかさまにネットに落ちた。怖がってもうダメかな…と思ったが、驚いたことに

「もう一回！」

「もう一回！」

落ちても落ちても、少年はブランコをゆらし続けたのだ。それから毎日。

数えきれないほど失敗し、くやし涙を流す時や手のまめが潰れて血を流す時もあった。さすがの団長も彼がいじらしくてたまらなかったが、心を鬼にして

「まだまだ！まだできるぞ！」

「はい！」

そんな日を積みかさねながら、少年は少しずつたくましくなり、飛べるようになり、難しい技をこなせるようになってきたのだ。

さあ、もうすぐ舞台の幕が開く。どんな歓声や拍手が、彼を待っているだろう？自分のことのように胸が躍る。

暗転。観客のささやき声。準備はＯＫだな、みんな？団長は、わくわくどきどきしながらスポットライトのキューを出した。

そう、ケーキ屋さんってどこかサーカスに似ている。

ピエロにだって、なれるんだよ。

たとえば、こんな話。


私のふるさとの町には、一軒のケーキ屋さんがあった。

町が小さいから、ケーキ屋さんもマッチ箱のように小さい。でも、私にとっては宝石箱にも等しいくらい輝いていた。いつもただよう甘くて香ばしいにおい。ウィンドウからのぞくと、店内のショーケースが見える。真っ赤なイチゴがのったショートケーキ、つやつや光るチョコレートケーキ、たっぷりのマロンペーストが盛られたモンブラン…。

きらきらしてる。美味しそう。

私は食いいるように見つめていた。当時、ケーキは日常的に買ってもらえるおやつではなかった。誕生日やクリスマスだけの特別な存在だった。だからこそ、私はケーキに恋こがれたのだ。

ある日、いつものようにウィンドウに顔をくっつけんばかりにしていると、中にいるケーキ屋のおばさんが私に手まねきする。

「怒られるのかな。」

とっさに逃げようかとも思ったが、なおも手まねきは続くので、どきどきしながらお店の中に入った。

「あのう…。」

何か言わなければと思いながらも口ごもる私。すると、おばさんは笑顔で
「はい、これ。お食べなさい。」

お皿の上には小さなプリンがのっていた。私が戸惑っていると
「売れのこりだから。」

おばさんは小さく目くばせした。

その時のプリンの味は、忘れられない。ほわりとしたやさしい甘さと、カラメルのほろ苦さ、なめらかな口どけ。

お代もとらなかったのに、おばさんは
「いつもありがとうね。」

と私を送り出してくれた。私も何度もお礼を言った。


そして。大人になった私は、ケーキ職人として働いている。もう今年で10年だ。

ショーケースに顔を寄せ、目を輝かせている子どもたち。ふふふ。あのころの私と同じ。

「いらっしゃいませ！どのケーキがいいかな?」

「あのね、今度私たちと一緒にクッキーを作るイベントがあるのよ。」

夏のショートケーキ
1cut ¥580
cup なめらかプリン
¥370(税込)

第一章　つくる

定番の秘密
それは、抱きしめたくなるその姿と
計算された三層のバランス
かわいいだけじゃないのよ

こくプリン

私が「このケーキ屋さんで働きたい！」と決めたきっかけ。それは、『こくプリン』との出会いだった。就職活動に励んでいたさなか、たまたま訪ねた静岡の友人に「美味しいケーキが食べたい！」とおねだりして連れて来てもらったのが、キャトルエピスだったのだ。めくるめく想いで長～いショーケースから選んだ一品が、定番ケーキのひとつ、『こくプリン』だった。

まず、ころんとしたガラス瓶に入っているのがうれしい。まるでちいさな花瓶のようで、そのまま飾っても素敵なかわいらしさがある。

透きとおった側面から、三つの層が見える。下からカラメル、プリン、そしてクリーム。ずぼっとスプーンで三層全部をすくいあげ、一気に口に入れると、口の中に広がるその味のハーモニー。とろける舌触り。たまらない…。

実際にお店で働くようになって、この美味しさの秘密がいくつもあることを知った。

濃厚さを引き出している、濃縮乳。コンデンスミルクから甘みを抜いたような味は、牛乳の二倍の濃さだという。

この濃縮乳をベースに作った生地を、愛らしい瓶に流しこみ、オーブンに入れる。季節、卵液の濃度や温度をよくよく考慮して、オーブンの温度や焼き時間を微妙に調整する。ここは先輩の熟練した腕のなせる技だ。

そして仕上げにのせる生クリーム。こちらは、プリン生地のコクを引き立てるために、ごくごく軽いクリームを使用している。この軽さが最後に加わることによって、全体のバランスが最高になる…と私は思う。

美味しさには、理由がある。素材と配合と技術。それらを毎日毎日くりかえして、変わらぬ美味しさが生まれる。

お菓子に正直に向き合っていると、お菓子は答えてくれる。美味しくなって、かわいくなって、私たちの気持ちを形にして、お客様に届けてくれる。

こくプリン

耐熱容器90cc　8個分

〈キャラメルソース〉　作りやすい量

グラニュー糖　100g
水A　20g
水B　20g

〈プリン生地〉

濃縮乳　240g
生クリーム　190g
グラニュー糖　60g
全卵　50g
卵黄　50g
バニラビーンズ（種を出す）　適量

〈仕上げ〉

生クリーム　90g
グラニュー糖　6g

1. キャラメルソースを作る。グラニュー糖と水Aを鍋（できればほうろうなど厚手のもの）に入れ、火にかける。
2. グラニュー糖が溶け、こげ茶色まで色がついたら火をとめて少しずつ水Bを加え混ぜる（はねるので注意）。熱いうちにカップの底にスプーンで適量流し入れる。
3. プリン生地を作る。濃縮乳・生クリーム・グラニュー糖・バニラビーンズを鍋に入れ、一緒に沸騰させる。
4. 全卵と卵黄をボウルに入れてよくほぐし、沸騰した3を少しずつ加え混ぜる。こし器でこし、表面の泡を取り除く。
5. キャラメルが入った容器の中にゆっくり流し入れ、天板に湯をはった上に容器をおき、150℃のオーブンで中心が固まるまで20分～蒸し焼きにする。
6. 焼き上がり、あら熱がとれたら冷蔵庫でよく冷やす。
7. 生クリームにグラニュー糖を加えて6分立てにし、プリン生地の上に絞る。

quatre épice

挑戦者たちの成長

店名をつけることを許されたケーキ

私の作った、お店の顔

キャトルエピスチーズケーキ

ぼくは、今までいくつのケーキをのせたかなあ…。とうてい思い出せない。それくらい、ぼく改めケーキ皿はこのお店でたくさんのケーキをのせてきた。ケーキをほおばるお客様の顔や、てきぱき働くスタッフの姿を、ずっとずっと見てきた。

ケーキ屋さんのお皿って、意外と地味な存在だ。どんな色のケーキやお菓子をも魅力的に見せることができるように、ぼくも無地だ。でも、目立たないぶん、お店のこっち側もあっち側もじっくり見ることができるのが楽しい。

今のせているのは、最近お店に出るようになった新しいケーキだ。このケーキが出来上がるまでもいろいろあった。

帽子の店員さんのひとり…ミニョンちゃんとでも呼ぼうか。ミニョンちゃんは、キャトル君に新作のケーキをまかされたのだ。今までとは違うタイプのチーズケーキを作ろう！と思い立ち、試作が始まった。でも、素材の組み合わせ、配合といった味や見た目についてはもちろん、製作計画やコストなど店頭で売られる商品としての詳細も決めなければならない。さらにそこに「自分らしさ」が加わらなければ。

何度も試作を繰り返すけれど、キャトル君からのＯＫは出ない。ミニョンちゃん自身も、出来ばえに納得がいかなくて、ずいぶん考えこんでしまっていた。ぼくのほうが心配になっちゃったよ。ちゃんと出来上がるのかな？体を壊しちゃわないかな？ってね。

でも、ぼくにはなんとなくわかった。これは、ひとりのケーキ屋さんになるために経験しなければいけない過程なんだ。何かの1から10まで全部を、自分で考えられるようになるために。ミニョンちゃんだけでなく、誰もが。だから、がんばれ。ぼくは、そっと見守っていた。

ある日。ようやく素敵な新メニューが完成した。

ぼくの上に置かれたケーキが、どんどん減っていく。キャトル君が満足そうにうなずいた時、ミニョンちゃん泣いちゃって。

でも、泣きながら笑っていた。えへへ、って恥ずかしそうに。

キャトルエピスチーズケーキ

1. 土台を作る。プラリネペーストと刻んだホワイトチョコレートをボウルに入れ、湯せんにかけて溶かす。
2. フィヤンティーヌを加え、全体にからむまでヘラでよく混ぜる。少量は飾り用として別にとっておく。
3. 天板にオーブンシートを敷き、φ18cm のセルクル型に 2 を入れ、スプーンで押さえながら板状にのばす。飾り用も同じく板状にのばす。
4. セルクル型をゆっくりはずし、冷凍庫で 1 時間以上固める。仕上げ時までは冷凍保存。
5. ベイクドチーズを作る。グラニュー糖・薄力粉・コーンスターチ・キャトルエピスを一緒にふるいボウルに入れる。
6. ほぐした全卵を少しずつ加え、ダマができないように泡立て器で混ぜていく。
7. 別のボウルでクリームチーズをヘラでクリーム状にし、6 を少しずつ加えダマが出来ないように混ぜ合わせる。
8. 生クリームを加え混ぜ、こし器でこして、型紙をはった型にゆっくり生地を流す。150℃のオーブンで 20 分焼成する。
9. 焼成後、あら熱がとれたら型紙をはがし、冷蔵庫でよく冷やしておく。
10. レアチーズを作る。クリームチーズをボウルに入れ、泡立て器で混ぜてクリーム状にする。
11. 別のボウルに卵黄を入れ、グラニュー糖を泡立て器ですり混ぜる。鍋で沸騰させた牛乳を少しずつ加えていく。
12. 鍋に戻し、ヘラで混ぜながら少しトロミがつくまで弱火で火にかける。火から下ろしたらゼラチンを加え混ぜる。
13. 12 をチーズの中に 2 回に分けて混ぜ合わせ、こし器でこす。
14. 7 分立ての生クリームを 2 回に分けてヘラで混ぜ合わせる。
15. 天板にフィルムを敷き、型の中にレアチーズを 180g 平らに流す。その上に冷やしたベイクドチーズを静かに中心におく。
    更にその上にレアチーズを 120g 平らにのばす。冷蔵庫で半日以上冷やす。
16. 仕上げをする。土台の上に少量の 7 分立て生クリーム（分量外）をのばす。
17. 冷蔵庫で冷やしたチーズムースをひっくり返してフィルムをはがし、型のすぐ内側にナイフを 1 周いれて型をはずす（フィルムがついていた面が上になる）。
18. 刻んだホワイトチョコレートとカカオバターを湯せんで溶かして、専用スプレーでコーティングする。機械がなければ、生クリームでコーティングしてもよい。
19. コーティングしたチーズムースを土台の上にパレットでのせ、ホワイトチョコレートとフィヤンティーヌを飾る。

ϕ18cm セルクル型　1 台分

〈土台〉

フィヤンティーヌ　105g

プラリネペースト　30g

ホワイトチョコレート　65g

〈ベイクドチーズ〉　ϕ15cm のタルト型 1 台分

グラニュー糖　30g

薄力粉　6g

コーンスターチ　4g

キャトルエピス　小さじ 1/2 強

全卵　60g

クリームチーズ　120g

生クリーム　170g

〈レアチーズ〉　作りやすい量

クリームチーズ　375g

卵黄　50g

グラニュー糖　34g

牛乳　85g

ゼラチン　5g

生クリーム　395g

〈仕上げ〉

ホワイトチョコレート　適量

カカオバター　適量

あんずのコンポート

夕方になると、私はわくわくしはじめる。もうすぐキャトル君が帰ってくるから。うれしくてうれしくて、そわそわうろうろしてしまう。

ドアが開いた。キャトル君だ。

おかえりなさい。おかえりなさい。私は思いきりしっぽをふって、キャトル君に飛びつく。顔中を舐めまわす。


申し遅れました。私は、雌の白いブルドッグ。あんず、と申します。キャトル君の家の看板娘です。

小さいころからかわいがってもらって、みんなが大好き。特にキャトル君は、私のお父さんであり、私の親友でもある。

お家は、いつも美味しいものの香りが流れている。くんくん。今日もいいにおい。時々パーティーも開かれる。すき焼きパーティー、バーベキューパーティー、友達もたくさん集まって、それはそれはにぎやかで、私もみんなに抱っこされたり撫でてもらったり、本当にうれしくなる。

お家にいる時のキャトル君は、とてもやさしくとてもくつろいでいる。時々、一緒にお散歩することもある。景色や空気を楽しみながら川べりをゆっくりと歩いて、私たちは同じ豊かさを感じる。私はちょっと得した気分。


私の名前「あんず」は、キャトル君がつけてくれた。私の誕生日は7月13日。今年で6歳。あんずってとても短い時期のフルーツで、それがちょうど7月はじめから半ばくらいなんだって。

キャトル君はどうやらケーキ屋さんらしい。あんずはシンプルな味わいなので、ジャムやコンポートにするとより美味しくなる、とキャトル君が話していた。バニラの風味との相性がいいそうだ。それに…ぷっくりした丸い形は私のおしりにそっくり。

いつもキャトル君がお家のキッチンに立つ時は、足元にくっついて何を作っているのか見上げて、かけらが落ちてくることを期待して待っているけれど、まだあんずは落ちてきたことがない…。

どんな味なのかなあ？

ジャム・コンポート

※フルーツは全て正味の重さ

〈イチゴとバナナのジャム〉
イチゴ　200g
バナナ　110g
グラニュー糖　150g
レモン汁　15g

・イチゴはヘタを取りバナナは5mm厚にカットし、材料を全て一緒に鍋に入れる（できればほうろうなど厚手のもの）。時々あくを取りながら混ぜ、トロリとするまで煮詰める。

〈桃とレモンのジャム〉
桃　350g
グラニュー糖　150g
レモン汁　30g
レモンピール　5g
グロゼイユ　適量

・桃は1cm角にする。後はイチゴとバナナのジャムと同じ。グロゼイユは最後に入れる。

〈マンゴーとシナモンのジャム〉
マンゴー　220g
水　105g
トレハロース　90g
グラニュー糖　90g
シナモン　2g

・マンゴーは細かく刻む。後はイチゴとバナナのジャムと同じ。

〈あんずのコンポート〉

生あんず　10個
グラニュー糖　150g
トレハロース　150g
水　250g
バニラビーンズ（種を出す）　1/2本

1．あんずに1周切れ目を入れ、ねじって半分にする。種を取り、皮をむく。
2．グラニュー糖・トレハロース・水・バニラビーンズを一緒に火にかけ、沸騰したらあんずを加え、弱火で5分煮る。
3．表面にラップをしてシロップに漬けたまま冷まし、1週間後からが食べ頃。

〈びわのコンポート〉

びわ（皮・種込み）1kg
グラニュー糖　210g
トレハロース　210g
水　420g
レモン汁　適量

1．びわのおしりを切り落とし、半分にして皮と種を取り除く。
2．後はあんずと同じ。レモン汁は最後に入れる。

第二章　贈る

誕生日のケーキ

「すみません。バースデーケーキを予約でお願いしておいたんですが…。」

「いらっしゃいませ。鈴木様でございますね？ ありがとうございます。少々お待ちくださいませ。」

ケーキ屋の店員さんとやりとりをして、ほっと息をつく。


今日は、娘の誕生日。この日を忘れてしまっては、一年中家族からいやみを言われることになるだろう。もちろん、忘れるはずは無いけれど。

今夜の夕飯は、娘の好きなメニューがところ狭しとテーブルに並ぶだろうな。ちらし寿司に鶏の唐あげ、トマトのサラダにフルーツポンチ。ぼくの分の枝豆はあるだろうか…。

でも、メインイベントはやっぱりバースデーケーキ。まるごとのホールケーキがテーブルの真ん中に置かれると、子どもたちは大はしゃぎだ。ろうそくを立てて、火を灯して。長男、次男、長女の三人は、目をまるくして見つめている。

みんなで誕生日の歌を歌う。ぼくはいささか照れくさいけど、子どもたちは大声ではりきって歌う。

「ハッピバースデートゥーユー。ハッピバースデートゥーユー…」

そして、娘がろうそくを吹き消すのだ。ほっぺたをおもいっきりふくらませて、ふううううっ。ろうそくの細い火が揺らめく。いつもいっぺんに吹き消せないので、妻やぼくが手伝ってあげるんだけど、今年はどうかな？

ケーキを切る時が、またひと騒動だ。

「ぼく、いちばん大きいイチゴがのったところがいい！」

「このチョコレートの飾りは、ぼくのだよ！」

「お兄ちゃんたち、ずるいよう。」

大騒ぎして、そのうち娘が半べそをかく。あらあら、と妻がとりなして公平にケーキを切りはじめる…。


「鈴木様、お待たせいたしました。ろうそくは何本お付けしましょうか？」

はっ、とぼくは現実にかえる。

「あ、すみません。６本お願いします。」

「６歳のお誕生日ですね。おめでとうございます。」

店員さんの微笑みに、ぼくは軽く頭を下げる。


いくつになるまで付き合ってくれるかな、子どもたちは。家族で囲む誕生会に。

スタッフのバースデー、特別なものがプレゼントされる。

身近な人を喜ばせられなければお客様も喜ばせられない。

magocoro

チョコレートケーキには魔力がある。あの甘さとほろ苦さのバランス。チョコレートのつや。…考えるだけで、ため息がでる。

だから、バレンタインのチョコケーキを自分のために買って食べるのも、全然苦痛じゃなかった。むしろ、自分にこんな美味しいケーキをプレゼントできるなんて、とてもぜいたくで幸せだわ、なんて思っていた。

でも。それはやっぱり強がりなのだ。

私にも、バレンタインデーにチョコをプレゼントしたい相手はいる。いつも渡せない。だから、自分で食べてしまうのだ。はじめから自分のために買ったような気持ちで。

もちろん、チョコレートケーキは文句なく美味しい。大きくほおばった口の中で、スポンジとムースとチョコレートが溶けて渾然一体となった感じがたまらない。

でも、ちょっぴり悲しい味がする。それは、彼にプレゼントできなかった後悔の味なんだと思う。毎年そんなふうに思ってきた。

今年はどうしよう？ 私は、大好きなケーキ屋さんのショーケースの前で、うろうろうろうろ悩んでいた。チョコレートショートケーキにパウンドケーキ、クッキーに生チョコ。いや、どれにするかもさることながら、今年こそ彼にプレゼントしようか、どうしようか。

ふと。私はショーケースの中にひときわ輝くケーキを見つけた。

小さなハート形のチョコレートケーキ。つやつやのチョココーティングの上に、赤いフランボワーズの実が光っている。

かわいい。まるで、恋する女性のハートそのもの。なによりこのケーキの名前が『magocoro』。まごころ。これだ。これに決めた。

「この時期はお忙しくて大変でしょうね。」

包装を待つ間、私はなんだか照れくさくて店員さんに話しかけた。彼女は、ちょっとびっくりしたように、そして笑顔で答えてくれた。

「そうですね。でも、私たちもバレンタインデーは本当に楽しいんですよ。わくわくどきどきするんです。」

今年のこのケーキばかりは、悲しい味にしてはならない。私の大切な人にこそ、食べてもらわなければ。かわいらしい箱を片手にお店から出ると、私はわくわくどきどきしながら彼に電話をかけた。

magocoro

1. 土台を作る。プラリネペーストと刻んだミルクチョコレートをボウルに入れ、湯せんにかけて溶かす。
2. フィヤンティーヌを加え、全体にからむまでヘラでよく混ぜる。
3. シリコン製のハート型に振り分け、板状になるまでしっかり平らにスプーンでおさえつける。
4. 冷凍庫で1時間以上固めて、型からゆっくりはずす（使用するまでは冷凍保存）。
5. チョコレートムースを作る。生クリームAを鍋で沸騰させ、火をとめた後にゼラチンを加え混ぜる。
6. 細かく刻んだチョコレートをボウルに入れ、5を熱いうちに一度に加える。30秒程してから、泡立て器でつやが出るまでよく混ぜる。
7. 5分立てにした生クリームBを2回に分けて加え、ヘラで混ぜる。
8. 天板に置いたハート型に流し、グロゼイユを埋めて土台をかぶせる。冷凍庫で半日以上固める。
9. グラサージュを作る。鍋にグラニュー糖と水を入れて火にかけ、グラニュー糖が溶けたらココアを少しずつ入れながら泡立て器で混ぜる。
10. ココアが溶け、つやが出てきたらヘラで生クリームを混ぜ合わせていく。
11. 沸騰したらゼラチンを加え混ぜ、こし器でボウルにこし、混ぜながら35℃まで冷ます。
12. 天板の上に網を置き、型からはずし凍ったままのチョコレートムースを土台を下にしておく。
13. グラサージュを均一に流しかける。冷蔵庫で2時間おく。
14. パレットで網からはずし、フランボワーズを飾る。

φ6cm ハート型 15個分

〈土台〉
フィヤンティーヌ　100g
プラリネペースト　28g
ミルクチョコレート　60g

〈チョコレートムース〉
生クリームA　190g
ミルクチョコレート　238g
ゼラチン　3.5g
生クリームB　298g
グロゼイユ　適量

〈グラサージュ〉 作りやすい量
グラニュー糖　250g
水　150g
ココア　100g
生クリーム　150g
ゼラチン　15g

焦がしバター・シナモン・コーヒー…

お店の裏口は、オーブンとのトンネルでつながっています。

シナモンパイ

その日、私はがっくりと肩を落として帰宅した。

「はあ…。」

コーヒーを飲みながらも、思わずため息がもれる。残念。今日は、シナモンパイが売り切れだった。


そのケーキ屋さんを知ったのは、ある友達が私の部屋に立ち寄った時に
「これ美味しいから食べて。」

と手渡してくれたお土産がはじまりだった。そのお菓子が、シナモンパイだったのだ。

オーソドックスで懐かしい味わいだけど、想像以上に美味しい。ひとつ、またひとつと、またたく間に食べ終わってしまった。

さっそく彼女にお店の場所を聞いて、自分でもひんぱんに足を運ぶようになった。生ケーキや他の焼菓子もとても美味しいけれど、やはり私のお気に入りはシナモンパイ。

サワークリームをたくさん使っているというパイ生地に、レーズン・シナモン・くるみがたっぷりと巻きこまれ、上には白いアイシングがかかっている。シナモンの香りが鼻をくすぐり、ころんと持ちやすい丸い形も食欲をそそる。

私がいちばん好きなのは、焼けてさらに濃縮感を増したレーズンの食感だ。ねっとりとしたレーズンと、さくさくのパイとのバランスがすばらしい。上に描かれたアイシングの白い線も、少し太かったり細かったりして、ひとつずつ微妙にちがう顔をしているのも楽しい。かわいらしいのもいれば、つんとすまし顔をしたのもいる。職人さんも、ひとつひとつ愛着をもって描いているのではないかしら?


これほど愛しいシナモンパイが、先日雑誌に掲載されていた。とてもきれいに撮れていて、記事でもたくさん褒められていた。わが子のことのようにうれしい。うれしいけれど…私の頭に邪念がよぎった。たくさんの人に知られたら、人気のシナモンパイがますます手に入りにくくなってしまう。

予感は的中した。仕方がない。でも、次回こそ。一日の終わりに、部屋でくつろぎながら、コーヒーとシナモンパイをゆっくり楽しめますように…。

シナモンパイ

24個分

〈生地〉
バター　160g
グラニュー糖　60g
塩　4g
卵黄　40g
サワークリーム（常温）　120g
薄力粉　300g

〈フィリング〉
バター　30g
グラニュー糖　120g
くるみ　90g
レーズン　120g
シナモン　8g

〈仕上げ〉
粉糖　適量
水　適量

1. 生地を作る。バターをボウルに入れ、泡立て器でクリーム状にした中にグラニュー 糖・塩をすり混ぜる。
2. 卵黄を2回に分けて加え、サワークリームも加え混ぜる。
3. ふるった薄力粉を加え、粉っぽさがなくなるまで最後は手でしっかり合わせる。ラップにくるみ、冷蔵庫で半日以上休ませる。
4. フィリングを作る。くるみは170℃のオーブンで10分ローストし、レーズンはお湯でふやかしておく。
5. ボウルにグラニュー糖・シナモン・バターを入れ、手でバターを細かくしていく。
6. くるみとレーズンを加え、全体に馴染ませる。
7. フィリングを生地で巻いていく。生地を2分割し、打ち粉をした台で30cm角にのし棒で伸ばす。
8. フィリングの半量を全体に散らし、すき間をあけずに巻いていく。最後は全卵（分量外）で接着する。同じようにもう一本巻き、ラップをして冷蔵庫で半日以上休ませる。
9. 2.5cm幅にカットし、170℃のオーブンで天板を2枚重ねて25分、きつね色になるまで焼成する。
10. 焼き上がりはすぐにパレットで網にうつす。
11. アイシングをかける。ふるった粉糖にヘラで水を混ぜ合わせ、アイシングを作る。
12. あら熱がとれたパイに格子状にかけ、乾燥させる。

Nous allons jusqu'au bout de nos rêves.

黒糖と豆のパウンド

生ケーキの華やかさも好きだけど、シンプルな焼菓子の味わいも捨てがたい。

ぼくのお店では、30種類近くの焼菓子を用意している。もちろん、お客様の希望に合わせていろんな詰め合わせが可能だ。この世にひとつしか無い組み合わせだってできる。

小さめに作ったパウンドケーキ。キャラメルといちじく、チョコレートとくるみなど、相性のいいもの同士を、ぎゅっと閉じこめた感じ。

フィナンシェ、サブレ、マドレーヌ、クッキー。主な材料は、バター・粉・砂糖・卵。素朴だけれど、まちがいなく美味しい。色合いが地味なので、見た時に楽しいように型にもすこし工夫をしてある。

フランボワーズのギモーブやコーヒーのメレンゲなどは、すこし大人っぽくて個性的。風味や食感も、粉ものの焼菓子とまた違った楽しみ方ができるはずだ。

ちょっとしたお土産に、遠方の方へのプレゼントに、お盆や暮れのごあいさつに、ウェディングのお祝いや引き菓子に…いつでも、どんなタイミングでも、贈る気持ちの役に立てるといいな。

ギフトボックスには、魔法のことばが刻まれている。

Nous allons jusqu'au bout de nos rêves（ぼくらは夢をあきらめない）

いつも目にふれるように。目にするたび、ケーキ屋さんとしての夢を再確認できるように。気がついてくれたお客様も、こっそり笑顔になってくれるとうれしい。

ぼくたちの「美味しくなりますように」の想いが詰まった焼菓子たち。

贈った人の気持ちと重なり合って、大切な相手に届いてほしい。

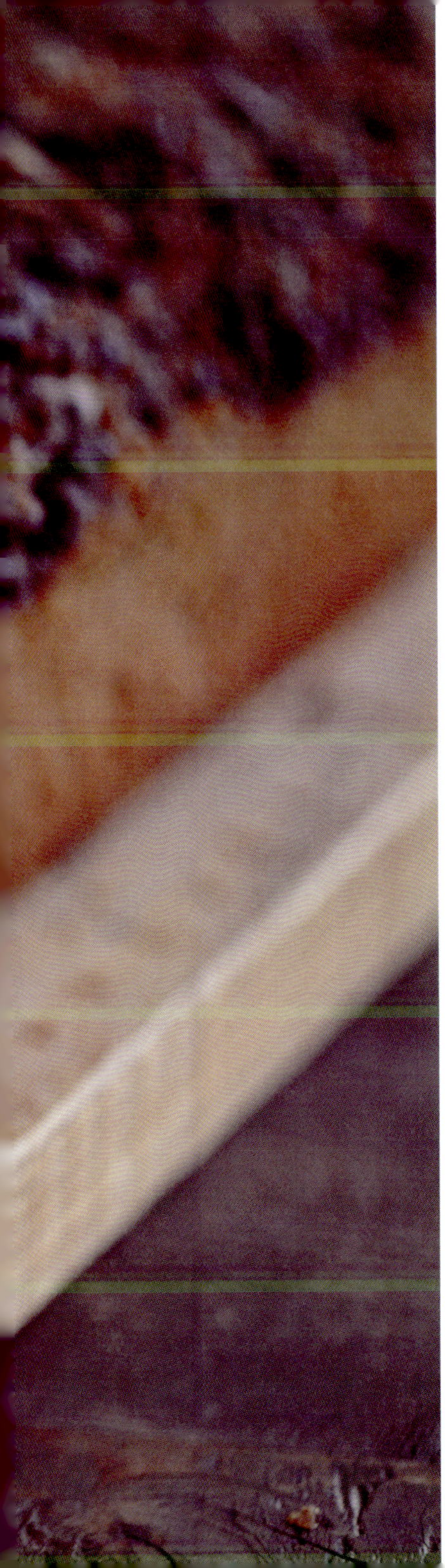

黒糖と豆のパウンド

20×8cm パウンド型　1 台分

バター　125g
黒糖　105g
はちみつ　27g
全卵　110g
薄力粉　40g
強力粉　40g
アーモンドプードル　105g
黒豆（甘露煮）40g
白豆（甘露煮）40g
黒糖（飾り用・あれば顆粒）適量
黒豆（飾り用）適量

1．バターをボウルに入れてクリーム状にして黒糖を加え、ふんわりするまで泡立て器で空気を含ませる。
2．はちみつを加え、ほぐした全卵を 5 回に分けて加え、そのつどよく混ぜる。
3．一緒にふるった粉類を少しずつ加えながら、ヘラで混ぜ合わせる。豆も加え混ぜる。
4．型紙をはった型に入れ、180℃のオーブンで 50 分焼成する。
途中 15 分の時点で黒糖と黒豆を上にのせ、引き続き焼成する（表面が焦げてくるようなら温度を下げる）。
5．焼き上がりはすぐに型から出し、側面の型紙をはがす。

ウェディングツリー

「ケーキ」という言葉を聞くと、生クリームがたっぷりのったショートケーキを真っ先に想像する人も多いはずだ。

フルーツ、スパイス、チョコレートにキャラメル。生クリームはどんなものとの組み合わせも可能だけど、いちばん相性がいいのはやっぱりイチゴだろう。

白いクリームに真っ赤なイチゴ。見た目の華やかさもさることながら、クリームのコクとイチゴ特有の甘ずっぱさが、お互いを絶妙に引きたてる。それぞれ食べてももちろん美味しいけれど、両者が寄りそうことによって何倍もの味わいが生まれる。まさに、お菓子の世界のベストパートナーと言える。

結婚前夜の花嫁は、何度目かの寝返りをうった。明日のことを考えると、なんだか落ち着かなくて寝つけないのだ。天井を見つめていると、これまでのいろいろなことが頭をめぐる。

両親の顔。子どものころ体が弱かった私は、本当に心配をかけた。たくさん野菜が食べられるように、と具だくさんのみそ汁を作ってくれたお母さん。お給料日には、いつもおみやげにとっておきのお菓子を買ってきてくれたお父さん。

友人の顔。時にけんかをしたりもしながら、一緒に成長してきた仲間。なにか悩みがある時は、私が何も言わなくても、さりげなく誘ってくれたりしたものだ。

それから、親戚。いとこ。職場の上司に同僚…。たくさんの顔と、彼らにまつわる思い出が浮かんでくる。

結婚って、ふたりだけでするものじゃないわ。この数カ月、準備に追われて思い返す余裕も無かった。でも、いま改めて思う。てっぺんにのる華麗なケーキこそ彼と私だけど、それは力強く支えてくれる土台があるからだ。明日は、みんなにたくさんお礼を言わなくちゃ…。

うとうととまどろみながら、不思議な夢を見た。彼が生クリームで、私がイチゴ。ふたりでケーキを飾りながら、みんなから拍手をあびている。結婚式だ。

変な夢。でも、幸せそう…。

花嫁は、ほほえみながら眠りに落ちていった。

Happy Wedding
Taro & Hanako

ウエディングツリー

第三章　つかう

静岡久能地区で葉しょうがと枝豆農家をされている
谷口さんが教えてくれた。
いい土は、いい香りがして、しっとりしているけど、
さらさらしているんだって。

葉しょうがのシフォンケーキ

静岡・久能地区が日本一の葉しょうが産地だなんて知らなかった。

駿河湾をのぞむ温暖な気候と砂地が、熱帯地方原産であるしょうがの栽培に適しているらしい。さらにハウスで促成栽培をしているので、他産地よりひと足早く3月から収穫できるのだそうだ。

教えてくれたのは、久能で葉しょうがや枝豆を生産している若い農家さんだ。ぼくのケーキ屋さんを飾ってくれるお花屋さんとの縁で、お店にケーキを食べにきてくれた。その時に、彼のモノづくりへの情熱を知ったのだ。

いい畑は、土がまず違う。湿っていてもさらさらしていて、香りがいい。その土壌を作るには、5~10年の歳月がかかる。そこから穫れる葉しょうがは、しょうがの白、茎の付け根のピンク、葉の緑のバランスがすばらしい。それらは、まさに芸術。農業はアートだから「芸農家（げいのうか）」と呼びたい、と。目をきらきらと輝かせて。なんてまっすぐな人なんだろう。…なんとなくぼくに似てるかも。

がぜん、彼の葉しょうがをケーキに使いたくなってしまって手配をお願いした。手元に届いたすがすがしいしょうがの香りを吸いこむと、梅雨初めの重かった気分がすうっとほぐれていくのがわかる。きっと、何時間も何時間もかけて選んでくれたに違いない。大切に使わなくては。

しょうがとお菓子は、もともと相性がいい。アメリカなどでもジンジャーブレッドやクッキーは昔からあるレシピだ。

今回は、この香りと辛みをおさえた繊細な味わいを生かして、フレッシュなシフォンケーキに加えてみた。生地にもトッピングにもしょうがを使う。まるでフルーツのようなさわやかさだ。

今、カフェにいるぼくの目の前で、お母さんと男の子が葉しょうがのシフォンケーキを食べてくれている。お母さんがフォークで小さく切ったケーキを、男の子の口に運ぶ。大きく口を開けてかぶりついた彼の顔がほころぶ。

もしかしたら、ふだんはしょうがの美味しさなんて、まだ小さいからわからないかもしれない。でも、このケーキならだいじょうぶだよね。

大人も子どもも楽しめる『葉しょうがのシフォンケーキ』。初夏のスペシャリテが、またひとつ増えた。

葉しょうがのシフォンケーキ

φ20cm シフォン型　1台分

〈生地〉

薄力粉　75g
コーンスターチ　10g
グラニュー糖　50g
ベーキングパウダー　3g
塩　1g
葉しょうが　35g
しょうがの絞り汁（古根）　40g
サラダオイル　40g
卵黄　40g
水　35g
卵白　140g
グラニュー糖　44g

〈仕上げ〉

生クリーム　200g
はちみつ（みかんの花）35g
グラニュー糖　15g
飾り用葉しょうが　適量
ホワイトチョコレート　適量
アラザン　適量

1. 薄力粉・コーンスターチ・グラニュー糖・ベーキングパウダー・塩を一緒にふるい、ボウルに入れ、中心にくぼみを作る。
2. しょうがの絞り汁・サラダオイル・卵黄・水を混ぜ合わせ、1のくぼみに入れ、ダマにならないように少しずつ、つやが出るまで泡立て器で混ぜ合わせる。
3. 2の中に7mm角に刻んだ葉しょうがを加える。
4. 卵白をほぐしてからグラニュー糖を加え、泡立てる。角が立つまでしっかり泡立てる。
5. メレンゲの1/5量を3の中に入れ、しっかり混ぜ合わせる。残りのメレンゲを加え、メレンゲをつぶさないようにやさしく混ぜる。
6. 型に生地を流し、170℃のオーブンで45分焼成する。焼き上がったら、逆さまにして冷ます。
7. 仕上げをする。生クリーム・はちみつ・グラニュー糖をボウルに入れ、氷水にあてながら7分立てにする。
8. 型からはずしたケーキに7のクリームを塗り、飾りつけをする。

こだわりぶどうのタルト

大きな声では言えないけれど、私はこのショーケースの中でいちばんの美人だと思う。

「ぶどうは、そもそもがそのままで美しい。つややかな粒がゆらりと重たげな房となり、夏の太陽を浴びてきらきらと輝く様子は、もう芸術の領域だ。」

私の故郷、山梨のぶどう園のご主人は、いつもそう言ってくれた。それはそれは大切に育ててくれた。水分に、肥料にとせっせと気をつかってくれた。甘やかさず時に厳しかったのは、私たちを思ってのこと。だから、もちろん味も保証つきよ。

種類だって豊富なの。ゴールドフィンガー、ピオーネ、ハニーシードレス、ベニバラード、ピッテロビアンコ、パープル、瀬戸ジャイアンツ、リザマート…。名前だけ見てもおしゃれでしょ?

みんなそれぞれ違う美味しさがあって、色も緑、紫、黒といろいろ。形も、とがっていたりまんまるだったり個性的なの。それに、きれいな色の皮までそのまま食べられるから、食感も楽しめるのよ。


そんな優しいご主人のもとを離れて、このケーキ屋さんに送られてくる間、私はとても不安だったの。こんなにきれいで美味しい私たちを、いったいどうするのかしら。もしかすると、今より不細工になっちゃうんじゃないかしら?って心配だったのだけど。

よかった。ここに来られて、本当によかった。

ケーキ屋さん…キャトル君は、いろいろ工夫を重ねて、私を見事に変身させてくれた。もっと美味しく、もっときれいに。

タルト生地。さまざまなぶどうの甘みと酸味に合うように考えてくれたクリーム。その上に、私たちを丁寧にならべてくれた。色とりどりの仲間たちが宝石のように輝いて…。

キャトル君は、そんな私の写真をぶどう園のご主人に送ってくれたみたい。きっとご主人も喜んでくれているわね。

今の私は、まるでシンデレラ。さあ、あとは王子様に食べられるのを待つだけね。

山梨園
山梨県甲州市勝沼町等々力 968　Tel　0553-44-0118

こだわりぶどうのタルト

φ21cm タルト型　１台分

〈タルト生地〉　作りやすい量

バター　190g
グラニュー糖　6g
塩　4g
薄力粉　250g
牛乳　60g

〈カスタードクリーム〉　作りやすい量

牛乳　250g
グラニュー糖　60g
卵黄　60g
薄力粉　25g
バター　35g
バニラビーンズ（種を出す）　適量
生クリーム　80g
グラニュー糖　6g

〈仕上げ〉タルト型　１台分

カスタードクリーム　300g
サワークリーム　100g
グラニュー糖　10g
スポンジ　5mm 厚
（スペシャルショートケーキ P64 参照）
ぶどう　適量
ナパージュ　適量

1. タルト生地を作る（大浦ごぼうのタルトP82 1～6参照）。卵黄は入らない。生地を型にはめたら、フォークで全体的に穴をあける。
2. カスタードクリームを作る。牛乳・少量のグラニュー糖・バニラを鍋に入れ（できればほうろうなど厚手のもの）、沸騰させる。
3. ボウルに卵黄と残りのグラニュー糖を加え、泡立て器ですり混ぜる。
4. ふるった薄力粉を3に2回に分けて加え、ゆっくり粉っぽさがなくなるまで混ぜる。
5. 4に沸騰した牛乳を3回に分けて加え混ぜ、こし器でこしながら鍋に戻す。
6. 中火で、ダマが出来ないように全体的にヘラで混ぜ続け、もったりツヤが出るまで火にかける。
7. 炊き上がったら、余熱でバターを溶かしながら混ぜる。バットに平らにのばしてラップを密着させ、冷蔵庫で冷ます。
8. 生クリームをグラニュー糖と一緒に9分立てにし、冷めたカスタードクリームと混ぜ合わせる。
9. 仕上げをする。サワークリームとグラニュー糖を混ぜ合わせ、タルト型に均等にのばし、5mm厚のスポンジを敷く。その上にカスタードクリームを均等にのばしてぶどうを飾り、ナパージュをぬる。

りんごの焼きっぱなし

りんごは、果物の中でもレギュラーのような存在だろう。一年中スーパーで売っているから、いつでも手に入る感じがする。

でも、その種類の多さを知っている人は意外に少ないにちがいない。ぼくも、信州の大野農園さんにお邪魔して、改めて知った。

信州・松川の土壌は水分が少ないけれど肥えているので、他の作物は難しくても、りんごの栽培には向いているそうだ。さらに、こちらのりんご園では、手間ひまはかかっても、有機肥料中心の減農薬栽培を心がけている。

シナノスイート、シナノゴールドなど信州ならではのりんごをいろいろ試食させてもらって、特におどろいたのは、真っ黒なりんごと出会ったこと。

りんごと言えば赤い色を想像するけれど、『秋映（あきばえ）』という名のそのりんごは赤を通り越して黒い。でも、そのハードな見た目を裏切るように、かじった時にあふれる果汁がすごい。みずみずしい。かと言って水っぽいというわけではなく、りんごそのものの旨味がしっかりしているのが魅力的だ。

りんごは、ぶどうと対照的な果物だと思う。ぶどうがそのままで完成されている果物であるのに対して、りんごは手を加えることでまた違った美味しさを引き出すことができる。つまり、ケーキ屋としては腕のふるい甲斐のある素材なのである。

焼きりんごにしたり、シナモンや砂糖と煮てジャムのようにしたり、パイの中に焼き込んだり。コーヒーにも紅茶にも、赤ワインにも白ワインにも合う。親しみやすい味にも、大人っぽい味にもできるのだ。

でも、この『秋映』は素材そのままの持ち味を生かしてみたい。食べやすく切ったりんごを、たっぷりのバターと砂糖でソテーしてみる。美味しさがとじこめられたりんごがつやつやと光る。それをタルト台にのせ、オーブンでさっと焼き上げる。キッチン中にたちこめる香ばしい香りに鼻をくすぐられ、うきうきしてしまう。

10月から12月の間だけの秋の香り、秋の味。りんごも心なしかうれしそうだ。

このケーキの名前は、そのまま『りんごの焼きっぱなし』。豪快に、口を大きく開けて、思いきり食べてほしい。

大野農園
長野県下伊那郡松川大島 3143 Tel 0265-36-3957

りんごの焼きっぱなし

1. りんごソテーを作る。りんごは皮と芯を取り除き縦８等分にする。
2. フライパンを熱し、バターとグラニュー糖を入れ、バターが溶けたらりんごを入れる。
3. 全体的にバターをからめたら、中火〜強火でなるべく動かさずに濃い目のきつね色になるまでソテーする。
4. 火からおろしたら平らな容器にうつし、余分なバターをおとしておく。
5. アパレイユを作る。ボウルに全卵を入れ、ほぐした後にグラニュー糖・アーモンドプードルを一緒に加えすり混ぜる。
6. 5に生クリーム・カルバドス・湯せんで溶かしたバター・ソテーで残ったバターの順に加えていく。こし器でこす。
7. 空焼きしたタルトにソテーしたりんごを4切のせ、すき間からアパレイユを15g流す。170℃のオーブンで天板を2枚重ねて15分焼成する。
8. 焼成後、あら熱がとれたら低温で乾燥させたリンゴ・粉糖・レモンピールを飾る。

φ9cmタルト型 6台分

〈タルト生地〉
大浦ごぼうのタルト P82 1〜6 参照 180g（1台につき生地を30g使用）

〈りんごソテー〉
りんご 3個
バター 45g
グラニュー糖 30g

〈アパレイユ〉作りやすい量
全卵 50g
グラニュー糖 30g
アーモンドプードル 5g
生クリーム 20g
カルバドス（りんごのお酒） 5g
バター 20g
ソテーで残ったバター 5g

〈仕上げ〉
りんご（乾燥させたもの） 適量
レモンピール 適量
粉糖 適量

クリスマスの朝、ドアを開けるとイチゴの香りが溢れている。

スペシャルショートケーキ

そのはちみつを知ったのは、びわの実る季節に散歩をしていた時だ。道ばたのお店で売っていたはちみつを試食してみて、その美味しさにびっくりした。地元は由比の養蜂場のもの、そして地元産のみかんの花の蜜を吸ってできたものだと知り、どんなところでどんなふうにこの味が作られているのか、がぜん見に行きたくなってしまった。

山も海も眺められる素敵な環境で、みつばちはせっせと働いていた。みつばち色の黄色い車に乗った養蜂家さんが、みつばちの体調やご機嫌まで、情熱を込めて管理している。

そっと巣箱の中をのぞかせてもらうと、びっしりとみつばちがいる。首元のふわふわした毛がマフラーのようで、なんだかかわいらしい。

このみつばちが花の蜜を得た時、体内で転化酵素が加えられ分解される。そのため、花の蜜は巣の中で成分が次第に変化していく。みつばちの巣ははちの熱によって常に35℃前後に保たれ、なおかつ働きばちの送風行動によって常に換気されているため、水分が蒸発し糖分が80％ほどになるという。つまり、みつばちがいなければ、はちみつは存在しない訳だ。すごい。

そんなみつばちから分けてもらった金色に輝くはちみつからは、みかんの香りがほのかに立ちのぼる。さらりとした甘さで、とてもさわやかだ。

このきらきらのはちみつを、生クリームに加えてみよう。ゴージャスな金色を流し込んだクリームは、クリスマスにぴったりだ。デコレーションにもサンドにも丸ごとのイチゴを惜しげもなく使って。イチゴの酸味と、濃厚なクリームのバランスがスペシャルだ。

こんなふうに生まれた『スペシャルショートケーキ』は、ぼく自身が「クリスマスにこんな素敵なケーキが食べられたら最高だな…」と思うメニューだ。もしかすると、ぼくがこのケーキのいちばんのファンかもしれない。

クリスマスシーズンは、1年でいちばんあわただしい数日間だ。無事に全部のケーキをお客様にお渡しするまで、気が抜けない。お店もスタッフも大忙しだ。でも、ぼくらはどこかでそんな緊張感を楽しんでいる。

とてつもなく忙しいけれど、とてつもなく幸せ。そんなぼくらのクリスマス。

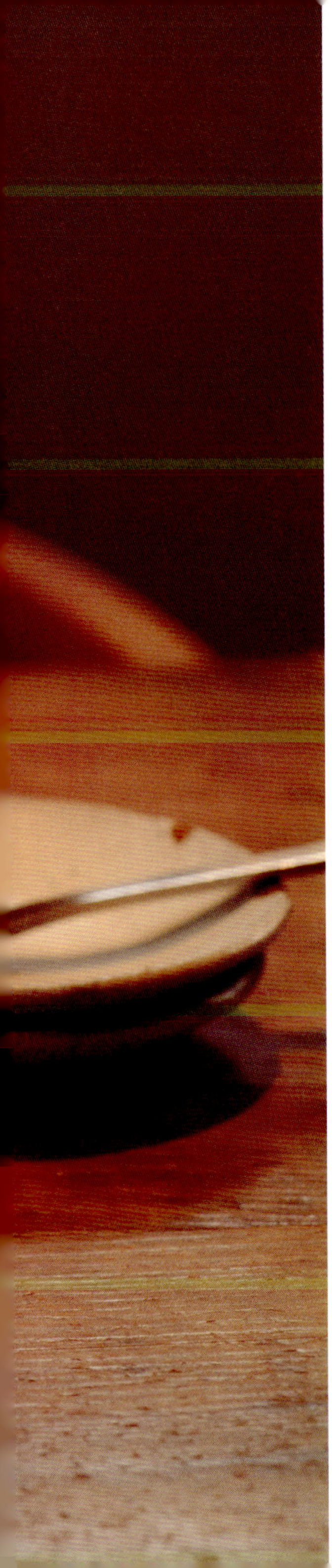

スペシャルショートケーキ

φ12cmデコレーション型　1台分

〈スポンジ〉　作りやすい量

（φ12cm 3台分もしくはφ18cm 1台分）

全卵　200g

グラニュー糖　120g

薄力粉　120g

牛乳　20g

バター　14g

〈仕上げ〉

スポンジ　2cm厚2枚

生クリーム　200g

グラニュー糖　15g

はちみつ（みかんの花）　40g

イチゴ　適量

シロップ　適量

キルシュ　適量

ピスタチオ　適量

ナパージュ　適量

1. スポンジを作る。全卵とグラニュー糖をボウルに入れて泡立て器でほぐし、湯せんで人肌まで温度を上げ、もったりと、上から落とすと生地が重なり合うまで泡立てる（あればハンドミキサーを使って）。
2. ふるった薄力粉をもう一度ふるいながら少しずつ加え、ヘラでやさしく混ぜる。
3. 牛乳とバターを一緒に鍋で沸騰直前まで熱し、2に少しずつ加え混ぜる。
4. 型紙を敷いた型に流し入れ、170℃のオーブンで30分、中心を触ってみて弾力があるまで焼成する。
5. 焼き上がり後すぐに、型ごと台の上に落とし、グラシンを敷いた網の上に型からはずして、逆さまにして冷ます。
6. 仕上げをする。スポンジの型紙をはがし、表面をうすく切り落として2cmの厚さで2枚スライスする。
7. 生クリーム・はちみつ・グラニュー糖をボウルに入れ、氷水にあてながら7分立てにする。
8. 底面以外のスポンジ3面にキルシュとシロップを合わせたものを塗り、イチゴをサンドしてクリームを塗っていく。
9. イチゴを飾ってナパージュを塗り、ピスタチオを飾る。

第四章　つながる

キャトルエピスと店づくり

お店を作る際に、大切にしていることがある。それは、自分たちが好きな空間であること。できることは自分たちでやること。自分たちが塗った床や作ったテーブルなどが多ければ多いほど愛着がわき、好きな空間ができる。その気持ちが大切だと思っている。

そんな店づくりを一緒にしてくれる人が「ケンブリッジの森」デザイナーの藤原さんである。

出会いは10年前になる。富士宮店がオープンして間もなくの頃、沼津にいいカフェがあると聞き、「ケンブリッジの森」に行った。その空間はとても温かいものだった。

オーナーの藤原さんとは初対面にも関わらず、閉店後まで自分たちの将来のことや空間について熱く話したことを覚えている。これからお店を作るのであれば、この人とやろうと決めた瞬間でもあった。

藤原さんとの打ち合わせは、半分以上が雑談。でも、出来上がりは自分のイメージ通りの形になっている。雑談の中からこちらが求めているものをひろい出してくれているのかもしれない。

10年たつ今でも、ぼくにいい力を与えてくれる大切な人の一人である。

「富士店を作る時、ふたりの中に〈質感〉というキーワードがあったんだ。」と藤原さんは振り返る。

ぼくの希望から、好きな〈古材〉を使って

店舗建築が始まった。

「当時、ケーキ屋に古材はタブーだった。どこか汚い印象があったから。だから、富士店の建築はふたりにとって挑戦だったね。」

藤原さんは、今だから言えるけど、大変だったよと笑う。

ぼくのもうひとつの要望は、いちばん長いショーケースを組み込むこと。使いやすいサイズや寸法、材質のショーケースを指定する。ケーキ屋の経験と、建築家の技術。プロであるふたりの思いが融合したのは、まさに紙一重のところでの感覚だった。

ぼくと藤原さんは好きなことが似ていた。よく語りあって、方向性ははずさない中で、どうしようか一緒に決めていった。一緒に絵を描いていく感覚だった。

藤原さんはショーケースを〈宝石箱〉にたとえる。

「ケーキ屋の主役はケーキ。建物や空間はサブ的要素にすぎない。ケーキがより魅力的に輝けるような宝石箱を作っていったんだ。」

主張しない舞台に使われたのはモノトーン。ひと口に黒と白と言っても、ふたりのこだわりは深かった。普通だったら見過ごしてしまう部分を、藤原さんは大事にした。同じ白でもこうでなくてはいけない白があったんだ。

「完成が「10」であったら、「9」からの過程が難しい。この「1」の部分が紙一重なんだ。」

と藤原さんは言う。藤原さんはいつも、店に魔法をかける、と言っていた。言葉にするの

紙一重の感覚

は難しいけど、そんな感覚が「9」を「10」にまとめ上げる力だったんじゃないかな。

白い壁の質感を追求したことも「1」。最後にスタッフみんなで床を塗ったことも「1」。「1」の要素はひとつではない。その譲れないという感覚がふたりに共通していたのかもしれない。

こんな長いカウンターに合う鴨居を集めるのは大変だったと思う。でも藤原さんはそれを、さりげなく抱えて持ってくるんだ。「分かりあって、納得してできた店舗は続く。いい空間だなあ、と思われるより、いい店だと言われたい。そうするためには、オープンしてからが勝負なんだ。」

手掛けたお店が繁盛すること、そして自分に頼んでよかったと誉めてもらえること、それが喜びであり、職人冥利につきると藤原さんは言う。

「店舗とおなじ。主役はぼくじゃないからね。」と。

完成が「10」であっても、それがゴールではない。店やケーキが揃っても、そこにあるのは人間。ショーケースを囲むお客さんやスタッフ。はずむ声や笑顔。ケーキやコーヒーのにおい…。それがなくてはただのハコ。キャトルエピスではない。

富士店がなければ静岡店もなかった。つまり、藤原さんがいなかったら、今のキャトルエピスはなかったかもしれない。

キャトルエピスを訪れるたびにしばらく無言で店内を見渡す藤原さん。そして決まってこう言う。

「いい色になってきたね。」

お客様やスタッフが歩いてできた床のキズや色。いろんな人の手や数々のケーキが置かれた木のテーブル。キャトルエピスを誕生させ、知り尽くしている藤原さんに、いちばん好きなキャトルエピスのケーキは何かと聞いてみた。

「バームクーヘン、最高だね。」

やっぱりぼくら、ケーキの好みも一緒だ。

藤原慎一郎

1972年静岡県沼津市生まれ。有限会社ケンブリッジの森主宰。店舗・住宅デザイナー。家族は妻と娘と愛犬エフ。単身でロンドンへデザイン留学後、1997年沼津駅前にカフェ ケンブリッジの森開店（2009年沼津駅前区画整理事業のため閉店）、同時にデザイン事務所設立。1999年有限会社ケンブリッジの森設立。キャトルエピス富士店、富士宮店の改装、静岡店のデザインを担当。静岡県内を中心に活動、手がけた店舗デザインは常に話題となっている。仕事仲間や友人と野球チームを運営。

キャトルエピスとシャツ
-しおショコラ-

仕立士の髙部さんとは、何回かイベントをご一緒している。

髙部さんはやわらかい雰囲気をもった方で、近くにいるとなぜかおだやかでやさしい気持ちになれる。ほっと肩の力がぬける。

髙部さんのシャツ展の時には、キャトルエピスにもおなじ安心感が流れているように感じる。

「まず空間があって、まわりの人がいて、シャツを着る人がいて。シャツが主張しすぎることなく、その人らしさがにじみ出るような、そんなシャツ作りを心がけています。キャトルエピスの空間では、シャツたちがとても気持ちよさそうにゆらゆらしています。布にはそれぞれ性格や特徴があるんですが、それがキャトルエピスの空気にぴったりなんでしょうね。ここにいると、シャツも私もくつろげます。一日中いても飽きません。」

仕立の仕事は十余年ほどになるそうだが、今の「お客様と布地の個性を生かしながら、自分で縫って自分で直接お渡しする」スタイルがいちばん髙部さんに合っているようだ。縫っている間も、お客様のことをゆっくり考えることができる。シャツを渡しておしまいではなく、シャツを通じてずっとお客様とつながっていくことができる。それが、髙部さんのこだわり。

「わざわざ私の作った服を着て、個展に来てくれるお客様もいるんですよ。」


初めてお話しした時、ぼくは今までシャツに対して持っていた「量産でたくさん売れればいいモノ」という認識が恥ずかしくなった。職人らしいまっすぐな姿勢に、教えられることがたくさんある。


そんな髙部さんのイメージで考案したケーキ『しおショコラ』を食べてもらった。

「一見オーソドックスな感じですけど、ホワイトチョコのやさしい味わいを、岩塩がきりりとひきしめていて。元々の形を大切さにしながらも、キャトルエピスらしいアレンジを加えているところが、私の白いシャツにも共通するように思います。」

赤いフランボワーズをのせて、白地にほんの少し色をさしてみた。

髙部葉子
静岡市出身。atelier brahma 主宰。手づくりの日常着からブライダル、舞台衣装まで手がける。2010 年に葵区鷹匠にギャラリーショップをオープン。月初めの 1 日～10 日まで常駐。オーダーの仕立希望の場合は、事前に電話で日時の予約を。

静岡市葵区鷹匠 2-16-5 403
TEL/FAX　054-251-2851
http://www.atelierbrahma.com/

しおショコラ

φ6cm H3.5cm のセルクル型 18 個分

〈土台〉
フィヤンティーヌ　115g
プラリネペースト　32g
ホワイトチョコレート　70g

〈しおムース〉21cm×10.5cm 角セルクル型 1 台分
牛乳　132g
卵黄　42g
グラニュー糖　47g
塩　3g
ゼラチン　2g
生クリーム　115g

〈ホワイトチョコレートムース〉
牛乳　170g
卵黄　58g
トレハロース　22g
ゼラチン　9g
ホワイトチョコレート　138g
生クリーム　500g

〈仕上げ〉
ホワイトチョコレート　適量
カカオバター　適量
フランボワーズ　適量
ナパージュ　適量

1. 土台を作る（キャトルエピスチーズケーキ P24 1～4参照）。同じように6cmの型にふり分けて板状にする。
2. しおムースを作る。天板とセルクル型の内側にフィルムをはり、一緒に冷凍庫で冷やしておく。
3. ボウルに卵黄を入れ、グラニュー糖を泡立て器ですり混ぜる。鍋で沸騰させた牛乳を少しずつ加え混ぜる。
4. 鍋に3を戻し、ヘラで混ぜながら少しトロミがつくまで弱火で火にかける。
5. 火から下ろしたらゼラチンと塩を加え混ぜ、ボウルにこし器でこす。氷水にあて、混ぜながら15℃まで温度を下げる。
6. 7分立ての生クリームを2回に分けてヘラで混ぜ合わせる。
7. 冷やしたセルクル型に平らに流す。一日以上冷凍庫で固める。固まったムースを手早く3.5cm角にカットし、再び冷凍庫に戻す。
8. ホワイトチョコムースを作る。ホワイトチョコレートは細かく刻みボウルに入れ、湯せんで溶かしておく。
9. 別のボウルに卵黄を入れ、トレハロースを泡立て器ですり混ぜる。鍋で沸騰させた牛乳を少しずつ加え混ぜる。
10. 鍋に9を戻し、ヘラで混ぜながら少しトロミがつくまで弱火で火にかける。
11. 火から下ろしたらゼラチンを加え混ぜ、溶かしたチョコレートとよく混ぜる。ボウルにこし器でこす。氷水にあて、混ぜながら30℃まで温度を下げる。
12. 7分立ての生クリームを2回に分けてヘラで混ぜ合わせる。
13. 冷凍庫で冷やしておいたセルクル型の7分目までムースを流す。その上に凍ったままのしおムースを中心に入れて軽くおさえ、更に残りのムースを型の高さまで流す。パレットで平らにする。冷蔵庫で半日以上固める。
14. 仕上げをする（キャトルエピスチーズケーキ P24 16～19参照）。フランボワーズとナパージュを飾る。

キャトルエピスと音楽
-ガトークレモンティーヌ-

フレンチ・ポップスの歌姫、クレモンティーヌ。ささやくようなその歌声はふんわりと甘く、その人となりも温かい。そして、お菓子とカフェが大好きなかわいらしい女性だ。

２００９年、クレモンティーヌにキャトルエピスのカフェで歌ってもらえるという話が持ち上がった。せっかくならケーキ屋ならではのライブにしたいと思い、歌だけでなく一緒にお菓子作りをしないかと提案してみたところ、信じられないくらいの快諾をいただくことができた。

清水に前泊までしてもらい、準備や打ち合わせをして迎えた真夏の当日は、まさにとっておきの一日だった。手が届かんばかりの距離での姿と歌声。一緒に考案して作って食べた、オレンジの風味を効かせたチョコレートムース『ガトークレモンティーヌ』の軽やかな味わい。どこまでも気さくで楽しそうなクレモンティーヌ。お客様だけでなく、ぼくたちも酔いしれてしまった。

ケーキ作りだけでなく、なんでもできる。どんな仕事でもできるケーキ屋でありたい。いつも思ってきたことが、またひとつ形になった。そして、地方の街の小さなお店でもこんな素敵なイベントができるんだ！と、みんなが勇気を持ってくれたらいいな。心からそう思った。

クレモンティーヌは、三保で泳いだり清水の魚河岸に出かけたりと、短い滞在を好奇心旺盛に楽しんだらしい。こんなうれしいコメントをいただいた。

「清水のお魚、特にお寿司の美味しさに驚きました。今まで私が食べてきたお寿司はなんだったのでしょうか？？？というくらい。

キャトルエピスさんの趣味の良さにも驚いたわ。エントランス、お庭、ケーキのケース、食器、テーブルなどのインテリア、どれをとっても素晴らしくセンスがよくて感動しました。今度お家を建てる時に参考にしたいようなアイデアがいっぱいだった。

もちろんスイーツにも１００％満足よ。私の住んでいるパリのサンジェルマン・デ・プレにお店を出したらどうかしら？絶対いけると思うわ！」

Clémentine
パリ生まれ。レコードコレクターの父親の影響でジャズに囲まれながら育つ。88 年 SONY FRANCE よりデビュー。以来、ジャズ、ポップス、ボサノヴァなど様々なジャンルで数々の作品を発表。「アニメンティーヌ ～ボッサ・ドゥ・アニメ～」(2010 年)、「続アニメンティーヌ」(2011 年)、「バラエンティーヌ」(2011 年) で日本人に馴染みの深いアニメソングや歌謡をボッサ・カヴァーしヒットを続けている。2009 年 7 月 1 日、キャトルエピス静岡店にてライブイベント「お菓子とクレモンティーヌ」開催。2010 年 8 月 13 日～15 日キャトルエピスのお菓子やフランス映画とのコラボレーションイベント「クレモンティーヌと過ごすフレンチな盛夏」にてコンサート開催（静岡・サールナートホール）。

ガトークレモンティーヌ

1. ゼリーを作る。グラニュー糖・レモンの皮・水を一緒に鍋に入れて沸騰させる。沸騰したらゼラチンを加え混ぜてこし器でこし、冷蔵庫で半日以上冷やす。
2. チョコレートムースを作る（magocoro P36 5〜7参照。ゼラチンは入れない）。容器に30gずつ流し入れる。冷蔵庫で冷やし固める。
3. オレンジジャムを作る。果肉は細かく刻み、すべての材料を鍋に入れて火にかけ100gまで煮詰める。氷水にあてて冷やす。
4. チョコレートムースの上に3を10gずつ平らにのばす。冷蔵庫で冷やし固める。
5. オレンジムースを作る。ボウルに卵黄を入れ、グラニュー糖を泡立て器ですり混ぜる。オレンジ果汁と生クリームAを一緒に鍋で60℃まで温度を上げ、卵黄に少しずつ加え混ぜる。
6. 鍋に5を戻し、ヘラで混ぜながら80℃まで弱火で火にかける。
7. 火から下ろしたらゼラチンを加え混ぜ、ボウルにこし器でこす。氷水にあて、混ぜながら15℃まで温度を下げる。
8. 7分立ての生クリームを2回に分けてヘラで混ぜ合わせる。
9. オレンジジャムの上に8を30gずつ流し入れる。冷蔵庫で冷やし固める。
10. アングレーズソースを作る。卵黄・グラニュー糖・トレハロースをすり混ぜた中にバニラと一緒に沸騰させた牛乳を加え混ぜる。弱火でトロミがつくまで火にかける。こして冷やす。
11. 仕上げをする。オレンジムースの上にアングレーズソース・オレンジ・細かく刻んだゼリー・飴を飾る。

φ6cm 容器　10 個分

〈ゼリー〉作りやすい量
グラニュー糖　36g
水　150g
ゼラチン　5g
レモンの皮　適量

〈チョコレートムース〉
生クリームA　80g
ミルクチョコレート　100g
生クリームB　150g

〈オレンジジャム〉
オレンジ果肉　100g
オレンジ果汁　100g
オレンジ皮　適量
グラニュー糖　50g

〈オレンジムース〉
オレンジ果汁　55g
生クリームA　130g
卵黄　40g
グラニュー糖　35g
ゼラチン　2g
生クリームB　60g

〈アングレーズソース〉
牛乳　125g
卵黄　30g
グラニュー糖　14g
トレハロース　14g
バニラビーンズ（種を出す）適量

〈仕上げ〉
オレンジ　10 房
アングレーズソース　適量
ゼリー 適量
飾り飴　 適量

キャトルエピスと野菜
－大浦ごぼうのタルト－

芝川町で、約4ヘクタールの野菜畑を有機栽培している、本人いわく「農人」。それが、松木さんだ。

松木さんは2007年には野菜総菜店を、2009年には畑の中のフレンチレストランをオープンさせた。自らが作った新鮮で味の濃い野菜や地元で穫れたジビエを使った地産地消のメニューが人気を呼んでいる。

健康な食・安心できる食は、今、急速に見直されている問題だ。ストレスの多い毎日をがんばって生きる人たちに、正しい食育をしたい。食べ物を扱っている以上、その責任があると思う。その考え方が似ている松木さんとは、自然にイベントなどをご一緒するようになった。

野菜スイーツ専門店で知られる都内のパティスリー「ポタジエ」の柿沢安耶さんとコラボレーションした「野菜とキャトルエピス」、松木さんの野菜でキッシュを作ったりお鍋料理を作ったりした「野菜と鍋とキャトルエピス」、ケンブリッジの森の藤原さんとのトークショーで盛りあがった「野菜とデザインとキャトルエピス」など、お客様にわかりやすい形で食のあり方を提案している。お会いするたびに、本当に美味しいものが好きな方なんだなと思う。その点もぼくと共通している。

「自分の野菜がどういう形でスイーツになるのか、その過程が見られて楽しかった！」

と感想を述べられた様子は、食いしん坊な少年のようだった。

レストランにも、時々お邪魔する。大きな窓から見える富士山の絶景や季節の野菜が実る畑の風景に心洗われながら（時には、シェフが目の前で野菜をもいでくる姿が見える）、健やかな美味しい料理に舌つづみを打つ。

松木さんとスタッフさんは、常にお客様を見て、冷たいものは冷たく、温かいものは温かく、絶妙なタイミングで提供してくれる。ごくさりげなく、いつも笑顔で。遠くから訪ねてきた友人を優しくもてなしてくれるような雰囲気がうれしい。それは、ぼくが目指していることとも重なる。

人に真似されないこと。山奥の畑の真ん中にレストランを出すこと、大きな喫茶スペースのある菓子屋をやること。これからも松木さんとは同じ方向を見ていたい。

松木 一浩

1962年長崎県生まれ。17年間にわたるホテル、レストランの仕事に別れを告げ、富士山の麓、水と自然豊かな富士宮市柚木地区にて有機農業を始める。完全無農薬で年間80品目の旬の野菜を生産している。またビオファームまつきの採れたて野菜を使った総菜店「ビオデリ」を運営、2009年には畑の中に「レストランビオス」をオープンさせた。2009年キャトルエピス静岡店でのイベント「野菜とキャトルエピス」でコラボレーション。2010年「THE FACE ～ 野菜とデザインとキャトルエピス～」を同店で開催。

ビオファームまつき　http://www.bio-farm.jp/

レストランビオス　静岡県富士宮市大鹿窪939-1　TEL 0544-67-0095

大浦ごぼうのタルト

φ21cmタルト型　1台分

〈タルト生地〉 作りやすい量

バター　130g

グラニュー糖　50g

薄力粉　250g

牛乳　40g

卵黄　35g

〈生地〉

バター　66g

グラニュー糖　72g

塩　少々

全卵　66g

大浦ごぼう　120g

くるみ　50g

〈仕上げ〉

生クリーム　100g

グラニュー糖　8g

フランボワーズ　適量

1. タルト生地を作る。薄力粉・グラニュー糖は一緒にふるい、ボウルに入れて冷蔵庫で冷やしておく。バターも1cm角にして冷やしておく。
2. 粉の中にバターを散らし、なるべくバターが溶けないように、カードを使って細かくしていく。
3. バターが細かくサラサラの状態になったら中心にくぼみをつくり、牛乳と卵黄を加え、ふんわり軽く混ぜ合わせる。ひとかたまりになったらラップにくるみ、半日以上冷蔵庫で休ませる。
4. 休ませた生地のうち300gをとり、台に打ち粉をして、均一な固さにする。
のし棒を使って丸く3mmの厚さまで伸ばして型にはめ、みみを切り落とす。1時間以上冷蔵庫で休ませる。
5. 生地の上にオーブンシートを敷き、重石でおもしをして170℃のオーブンできつね色になるまで45分焼成する。
6. くるみは170℃のオーブンで10分ローストし、ごぼうは洗って1.5cm角にカットする。
7. 生地を作る。バターをクリーム状になめらかにし、グラニュー糖と塩を加え、白っぽくなるまで泡立て器でよく混ぜる。
8. バターの中に溶いた卵を少しずつ加え混ぜていき、その都度しっかり混ぜる。
9. タルト型の中にごぼうとくるみを敷き、生地を平らに流す。160℃のオーブンで25分、膨らんでキツネ色になるまで焼成する。あら熱がとれたら冷蔵庫で冷やす。
10. 仕上げをする。グラニュー糖と一緒に8分立てにした生クリームをタルトの上にのばし、フランボワーズを飾る。

キャトルエピス ＋

キャトルエピスは、
いろいろな人に支えられている。
もっと良いモノをつくろう。
もっとお客様に楽しんでもらおう。
そんな気持ちでつながっている人たち。

熟練の技を生かして、
毎日のキャトルエピスを守ってくれる。
恒例イベント「みんなでカフェ」に、
自慢の品を抱えて参加してくれる。

それは、それぞれが奏でる音が
ひとつになって、
もっとすてきな協奏曲が
生まれる感じ。

みんな、ぼくの大好きな
プロフェッショナルのみなさん。
たくさんのありがとうを贈りたい。

庭まさ
（庭）

かわいくて品のある庭づくり。
頼りになる男らしい庭師さん。

www.niwamasa.jp/

GUCHIPAN
（パン・
みんなでカフェ出店）

『みんなでカフェ』には欠かせない存在。
毎回おいしい香りが漂ってきます。

富士宮市万野原新田 3323-18 ストラーダ 102
Tel 0544-23-8814

赤堀友美
（陶芸）

思わず手にとってしまう、遊び心がある作品。
贈り物にも喜ばれます。

www2.odn.ne.jp/~ceramicart/

水無月
（古道具）

店内の雰囲気をやわらかくしてくれる何気ない存在だけれど、欠かせない存在。

静岡市葵区上土 1-1-25 Tel 054-267-2110
minazuki.in/news

斉藤玩具製作所
（木箱製作）

用途やデザイン性、一から親身になって箱作りをしてくれます。

島田市稲荷 3-2-50
Tel 0547-37-4728

ombak
（店舗活け込み）

活け込みでお店の雰囲気がガラリと変わります。毎回楽しみな模様替え。

静岡市清水区有東坂 2-365-8 Tel 054-348-5553
ombak1999.rocket3.net/

ヤマヒデ養蜂場
（はちみつ）

ここぞのケーキにはヤマヒデさんのはちみつが必須。

静岡市清水区由比 178-4 Tel 054-375-2245

秀工務店
（店舗全般）

困った時にはまず秀さん！
スタッフからも人気 NO.1。

富士市柳島 4-7 Tel 0545-64-9212
www.syuu-koumuten.com/

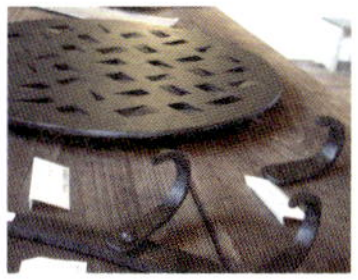

川合光
atelier plateaux
（鉄作家）

鉄なのに温もりを感じる作品。
ウェディングツリーの土台も川合さん作。

atelier-plateaux.com/

エクラタン
（お菓子でいきます
編集）

取材・イベント…
なんでもこなすチームエクラタン！

www.eclatant.net/

tass
（カッティングボード）

かわいさだけではなく実用性も兼ね備えて。
温かみのある家具と手織物が本職。

www.tassen.jp/

KICHI TO NARU
（カフェ・
みんなでカフェ出店）

五感でおいしく感じるお料理。
元気なスタッフさんばかりです。

富士市瓜島町 108 Tel 0545-53-0187
www.kichitonaru.com/

第五章　すわる

HAPPY

quatre épic
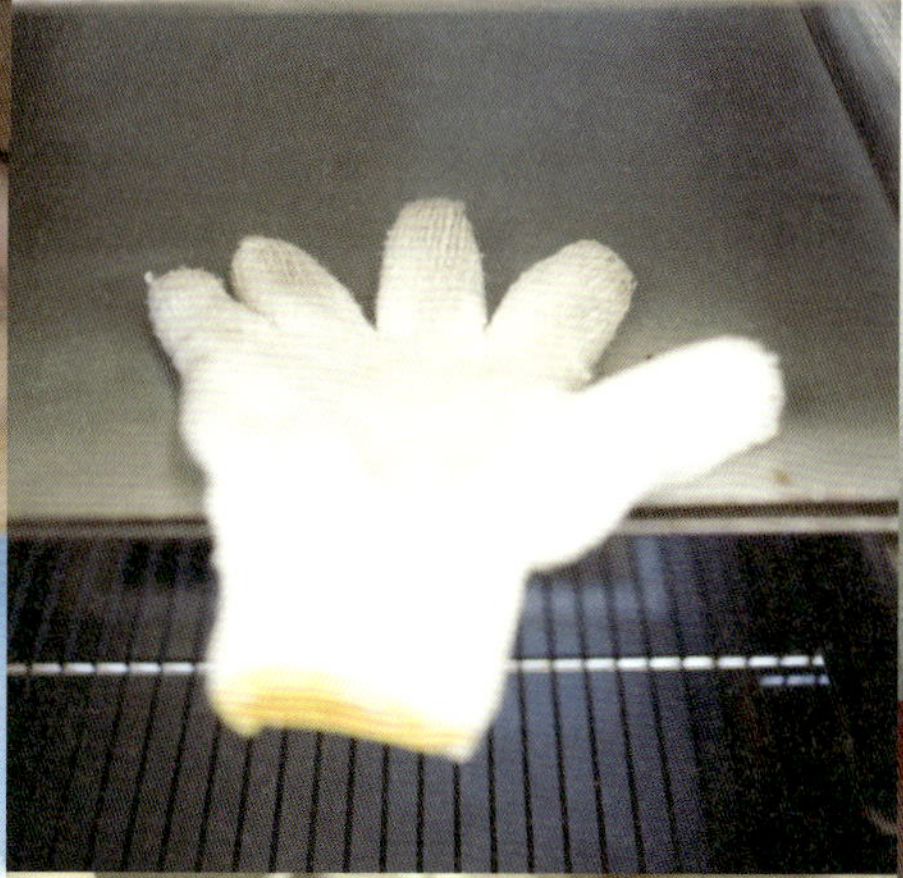

カフェの物語

「あ、今日も来た。」

あるケーキ屋さんのカフェ。ぼくは、そこのコーヒーカップ。

あの娘は、いつもこのぐらいの時間にやって来る。必ずコーヒーを頼み、短くても一時間かけてゆっくりと飲んでいく。たいてい本を一冊持っているが、店内に入れかわり立ちかわりする他の客を観察していたり、ただぼんやりともの思いにふけっていたり、ケーキを食べていたりと、その過ごし方はいろいろだ。

ぼくは、そのあいだコーヒーを注がれ、洗われ、片づけられ、くるくるくるくる忙しい。彼女のコーヒーにあたることもあるし、そうでないこともある。

ただ、あの娘はいつも誰も待っていない。誰にも待たれていない。いつも、ふと思いついたように立ち上がり、店を出て行く。ひとりで。入ってきた時と同じように。

「さよなら、またね！」

ぼくは、その背中に声をかける。聞こえるはずはないけれど。


このカフェは、ケーキ屋さんらしからぬ広々としたスペースがあり、落ち着いて過ごすことができる。木のテーブルと椅子がどこか懐かしさを感じさせて、毎日の仕事や勉強、家事につかれた人たちがゆっくりとくつろいでいく。

ぼくは、いつもみんなに話しかける。

家族と一緒のお父さんに
「お疲れさま。今日は家族サービスだね！」

本を読みふけっているサラリーマンに
「読書もいいけど、早く飲みなよ。冷めちゃうぞ！」

でも、ぼくの声は、どうやらニンゲンには聞こえないらしい。みんな忙しすぎるのかな。

ほかのカップやソーサーは、ぼくのことを笑う。ニンゲンに話しかけるなんて馬鹿だ、って。

いいのだ。ぼくは、勝手に話しているだけ。みんながこのカフェで少しでも元気になって、店を出て行く。それだけで満足なのだ。もちろん、すこしは寂しいけど、ね。

今日は、あの娘のコーヒーにあたった。

「やあ、元気だった？寒くなってきたね。」

ぼくは、いつものように話しかける。もちろん、彼女は答えない。なんだか、今日はいつもより元気がないようだ。深いため息をひとつついた。

「ねえ、どうかしたの？」

たずねた途端、彼女の瞳が輝いた。店に、ひとりの青年が入ってきたのだ。時々ひとりでやって来ては、奥の席でずうっと何かを書いている彼だ。作家志望だろうか。とくにハンサムでもお金持ちでもなさそうだけど、なんとなく感じがいい。あの娘は、彼を見ているのだ。

「なるほど…。」

ぼくはつぶやいた。

「きみは、彼を待っていたんだね。いつも。」

もちろん、ぼくの声は届かない。でも今日ばかりは、聞こえなくてよかったかもしれない。ぼくの声は、ぼくの耳にさえもがっかりしているように響いたから…。

その夜、静まった店内で、ぼくは眠れなかった。なんだか、わさわさと胸がさわぐのだ。窓から、晩秋の空気の中でさえざえと光るお月様が見える。痛いぐらいに、きれいだ。

「なんでもないんだ。」

ぼくはつぶやいた。なんでもないんだ、こんなことぐらい…。


店のBGMが、クリスマスソングに変わった。ディスプレイの花も、赤や緑に。

ニンゲンは、ますます忙しそう。店内は大混雑で、カフェもほぼ満席だ。

あの娘が来ている。ぼくはちょっと割りこんで、彼女のコーヒーにあたるようにした。

テーブルでくつろぎながら、店内を見回していた彼女の目が止まった。

「あ…。」

その視線の先には、いつもの彼の姿があった。

「申し訳ありません。ただいま、お席が満席でして…。」

店員さんの案内にうなずきながら、彼は残念そうに肩をすくめている。

「何してるのさ！早く誘いなよ。向かいの席、空いてるじゃないか！」

ぼくはさけんだ。でも、あの娘はぼくを手に持ったまま、彼を見つめて迷っている。あ、帰っちゃう！せっかくのチャンスなのに。ぼくはいたたまれなくなって、思わず身をよじってしまった。

パリン！気がつくと、ぼくは床にころげ落ち、砕け散っていた。小さなコーヒーの池ができ、彼女は立ち上がってあたふたしている。

その時。帰ろうとしていた彼が、なにごとかと立ち止まってこちらを向いた。

「あ、あの。」

勇気をふりしぼって彼女は言った。

「こちらの席。よかったらご一緒に…。」

一瞬、彼は目をまん丸くしていたが
「いいんですか？ありがとうございます。」

あの感じのよい笑顔で、にっこりと彼女に答えた。

すると、あの娘が微笑んだ。ぼくの初めて見る、そして、ずっと見たかった、こぼれんばかりの笑顔。

すぐに店員さんがやって来て、ぼくのかけらを片づけはじめた。

「よかった。」

ぼくはつぶやいた。心の底から。

「よかった…本当に。」

同じテーブルに向かい合った彼と彼女の動きが止まった。ふたりの目が合った。

「今…聞こえました?」

「聞こえた…ような気がします。」


うれしかった。

もう、コーヒーカップですらない。でも、ぼくはうれしかった。

イチゴミルク

イチゴＡ　75g
水　50g
砂糖　100g
レモン汁 10g

牛乳　適量
イチゴＢ　適量

1. イチゴＡを細かく刻み、水・グラニュー糖と一緒に火にかけて沸騰させる。レモン汁を加えてひと煮立ちさせて冷ます。
2. お好みの量を牛乳と刻んだイチゴＢと割る。

ココア

ココア　60g
グラニュー糖　40g
塩　少々
生クリーム　200g

牛乳　120g
ホイップクリーム　適量
ゆず皮すりおろし　適量

1. ココア・グラニュー糖・塩を鍋に入れ弱火で、生クリームを少しずつ入れながらヘラで練っていく。
2. グツグツしてペースト状になったら火を止める。板状にして冷凍する。
3. ペースト25gと牛乳を火にかけ、溶かしながら沸騰させる。カップに移してクリームとゆず皮をのせる。

型
大きさや形はさまざま。タルト型は底が抜けるものが扱いやすい。セルクル型は底がない枠だけのものでムースを流したり、タルト型の代用にもなる。スポンジなどを焼く時には高さがあるデコレーション型。シフォンケーキには専用の中心に穴が開いたものを使用。

ボウル
作るケーキの量とボウルの大きさが合っていないと、作業が難しいこともあるので数種類あるとよい。アルミやステンレスでもうすいものは金属が生地に混ざる可能性があるので避けたい。

ヘラ
ゴムベラでもバターなどを練る時などは硬いものを、クリームを取る時には柔らかいものを。

泡立て器
メレンゲ・クリームを泡立てる時はワイヤーの数が多いものを、バターに空気を含ませたい時はワイヤーが太くてしっかりしたものを。

パレットナイフ
クリームを塗ったり、生地の表面を平らにするなど欠かせない道具のひとつ。

カード
生地を細かく刻む、平らにならすなどあると便利。

重石
タルトを焼く時に底が膨らみすぎないように重しにするもの。小豆でも代用可。

グラシン・フィルム（透明）
グラシンは型紙にしたり、ロールケーキを巻いたりする時に使用。フィルムはムースやチョコレートなどを流す時にきれいにはがれるのであると便利。

道具

全ての道具を揃えるのは大変。自分の使いやすいもの、あるものをうまく代用して。

小麦粉

本書の中では薄力粉がメイン。グルテンを出したいもの（こしを出したい・もちもちさせたい）は強力粉を使用する。また、タルト生地などを伸ばす時にも打ち粉として粒子が粗い強力粉が適している。

砂糖

溶けやすくクセのない甘さのグラニュー糖が扱いやすいが、もちろん上白糖・きび砂糖などでも代用可。色の濃いものほど、しっとり感・コクのある甘みが出る。当店では3〜4種類を使い分けている。

卵

どの材料にも当てはまるが、特に卵は新鮮なものを選ぶ。泡立てるものに関しては使用する前には常温に戻す（メレンゲの場合は冷蔵）。

チョコレート

扱いに気をつけたい材料のひとつ。なめらかさ・つやに影響するので、溶かす時には温度を上げすぎないようにする。質のよいクーベルチュールをおすすめするが、香り・味の違いがあるので好みのものを。

乳製品

牛乳・生クリームにはいろいろな乳脂肪分の種類があり、作るものによって使い分ける。バターは無塩バターが基本。

香辛料

バニラビーンズがなければオイルやエッセンス、キャトルエピスの代わりに好きなスパイスにするなど代用可。

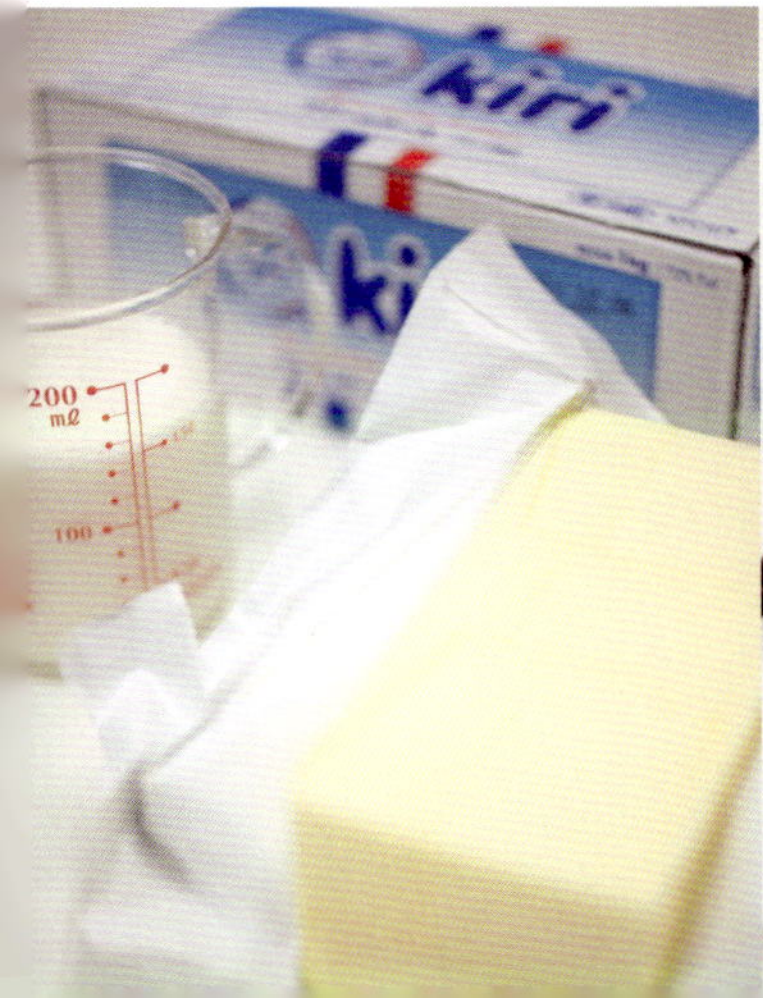

その他 本書で使用しているもの

・濃縮乳
牛乳を濃縮したもの。牛乳を濃縮乳に置き換えると、強いこくやミルク感が出る。

・フィヤンティーヌ
薄く焼いたクレープのようなものを細かく砕いたもの。サクサクした食感。

・ナパージュ
フルーツを原料にして作られたつや出し用ジャム。

・トレハロース
天然糖質の一種。甘さが砂糖の45％なので、低甘味ながら品質を保持する事ができる。

・プラリネペースト
煎ったナッツを砂糖と一緒にペースト状にしたもの。

材料・道具のお取り寄せ

cuoca
http://www.cuoca.com/

Sweet Kitchen
http://www.sweetkitchen.jp/

材料

大事な事は新鮮さと正確な計量。

注意事項
本書で使用するバターは全て無塩バターです。記載がなければあらかじめ常温に出しておいてから使用して下さい。

ゼラチンは板ゼラチンを使用。あらかじめ氷水でふやかし水気を切って使用します。

オーブンはあらかじめ余熱し、温度・時間はそれぞれ異なりますので調節をして下さい。

お菓子によっては、実際使う量より多めの分量になっています。余った生地やクリームは他でアレンジしたり、冷凍するなど活用して下さい。

quatre épice
OPEN

quatre épice Fujinomiya

〒418-0067
静岡県富士宮市宮町9-1
PHONE 0544-25-8848
P10台

quatre épice Fuji

〒417-0057
静岡県富士市瓜島町152-2
PHONE 0545-55-3388
P15台

quatre épice Shizuoka

〒424-0809
静岡県静岡市清水区天神2-6-4
PHONE 054-371-5020
P30台

www.quatre-epice.com

おわりに

あとがき

藁科雅喜

「本を作ろう」と思いました。

キャトルエピスがオープンして10年がたちます。自分がどんな店を目指してきたのか、どんな方と出会い、影響を受けたのか、そしてお菓子を通して感じてきたこと・伝えたいことをまとめてみようと思いました。

毎日の暮らしの中で、お菓子が登場する場面はいろいろあります。誕生日・結婚式・仲直りの時…また、作り手・お客様・生産者さん・製菓の学生さんなど、お菓子に携わる立場によっても感じることは違います。それでも共通して言えることは「お菓子っていいよね!」ということです。みんなを笑顔にするものだと思います。そんな職業を選んだことが私の誇りです。

キャトルエピスの意味は、直訳すると「4つのスパイス」。いろいろなスパイスが混ざり合って一つになる、新しい何かができる。そんな事を思い描いて、店名を付けました。

お店を続けていく中で、大事にしていることはたくさんあります。お菓子はもちろん、ドリンク・スタッフ・家族・建物・イベント…どれも大切なスパイスであり、スパイスの性格によっては出来上がるものも違います。

例えばスタッフ。スタッフには、ケーキ製造はもちろん販売やサービス、そして最終的には一人で何でもできるようになるべく取り組んでもらっていますが、いちばん大切なことは人間力を付けてもらうことです。気持ちのよい挨拶ができる・周りに感謝することができる・人の気持ちを考えることができる、など、仕事を通じながら人として成長することがキャトルエピスでは最も大事なことだと考えています。

その基本に加えて、自分の個性を表現していけるようになってほしいと思っています。箱のデザインや内装など、できることはなるべく自分たちでやるようにしています。カメラが得意なスタッフは季節感のある写真を撮って店内に飾る、音楽に詳しいスタッフは次

回のライブを考えてみる。シロウトですが、ここにしかないスパイスが生まれると信じています。

こども教室・器や洋服の個展・ライブなど、衣食住をテーマに年間を通してイベントの企画をしています。イベント中、お客様から
「キャトルエピスさんってケーキ屋ですよね？」
と聞かれることが多くあります。そんな時にはこう答えています。
「キャトルエピスは人に喜んでもらうことが基本であり、ケーキを土台にして喜んでもらえることならなんでもありです。」
と。野菜とケーキ？　シャツとケーキ？　はじめはどうやって組み合わせよう？　というところからの出発ですが、そんな中での新しい発見や、お客様を驚かせることもイベントの醍醐味です。

また、イベントを通じて出会ういろいろな分野のプロフェッショナルな方たちは、いつも私に良い影響と刺激を与えてくれます。職種は違っても、プロとして仕事やお客様と向きあう姿勢・自分の信念を皆さんお持ちです。お店を経営していく中で、自分のやりたいことをつらぬくことと、経営者としてスタッフをかかえながらお店を継続させることはなかなか大変です。それは、キャトルエピスを始めてからずっと痛感してきました。何度も自分の考えや方向性を変えてしまおうかと思いましたが、いつも励みになるのは、その時々で出会った皆さんです。今後の新しい出会いも楽しみです。

あっという間だったような、長かったような、10年です。私についてきてくれるスタッフに、オープン当初から支えてくれた業者さんや家族に感謝しています。

今後の目標は、この10年で出会った方たちと一緒に年を重ねていくことです。10年後のために今をがんばること、1年後のため、明日のためにこつこつ積み上げることをこれからも続けていきます。

企画　藁科雅喜 (quatre épice)
編集　山本ひとみ（éclatant）
撮影　近藤ゆきえ（éclatant）
執筆　古谷直己《ナンシー》　（éclatant）

お菓子のきもち
2011 年 10 月 10 日　初版発行

著　者　　藁科雅喜 (quatre épice)
発行人　　松井　純
発行所　　静岡新聞社
〒422-8033
静岡市駿河区登呂 3-1-1
TEL　054-284-1666

印刷・製本　中部印刷株式会社

ISBN978-4-7838-0766-7　C0077